Beyond the Sea

Also by Elsa Cross, from Shearsman Books

Selected Poems

Forthcoming

Amorgos Notebook

Elsa Cross

Beyond the Sea

translated from Spanish by
Anamaría Crowe Serrano

Shearsman Books

First published in the United Kingdom in 2016 by
Shearsman Books
50 Westons Hill Drive
Emersons Green
BRISTOL
BS16 7DF

Shearsman Books Ltd Registered Office
30–31 St. James Place, Mangotsfield, Bristol BS16 9JB
(this address not for correspondence)

www.shearsman.com

ISBN 978-1-84861-399-7

Copyright © Elsa Cross, 2002, 2004, 2016.
Translations copyright © Anamaría Crowe Serrano, 2016.

The right of Elsa Cross to be identified as the author of this work,
and of Anamaría Crowe Serrano to be identified as its translator,
has been asserted by them in accordance with the
Copyrights, Designs and Patents Act of 1988.
All rights reserved.

Ultramar first appeared in Mexico City in 2002, published by Fondo de Cultura Económica. *El vino de las cosas* first appeared in Mexico City in 2004, published by Ediciones Era. Both volumes have since been republished in the author's collected poems, *Poesía completa (1964-2012)* (Fondo de Cultura Económica, 2012).

The final poem in *The Wine of Things*, 'El mar color de vino'
appears here for the first time.

These translations are published with the kind permission of the
Fondo de Cultura Económica, and of Ediciones Era, Mexico City:

Elsa Cross, *Poesía completa*. Copyright © 2012, Fondo de Culture Económica.
Todos los derechos reservados, Méxcio, D.F.

Derechos reservados © Elsa Cross, *El vino de las cosas*,
Ediciones ERA, México, 2004.

Author's Note
This book was written in Mexico and Greece with a fellowship from the
Fondo Nacional para la Cultura y las Artes (Mexico).

Contents

Ultramar / Beyond the Sea

Las piedras
    Stones   9

Las olas
    Waves   27

Las cigarras
    Cicadas   53

El vino de las cosas / The Wine of Things

Invocación
    Invocation   77

Ditirambos
    Dithyrambs   81

Eolides
    Aeolides   97

Cantaros
    Kantharos   105

Oceanides
    Oceanides   115

Ofrendas
    Offerings   123

Nictides
    Nictides   135

Canciones del Egeo
    Songs of the Aegean   143

El mar color de vino
    The Wine-Red Sea   151

Ultramar

Odas

*sus deseos, aleteos de pájaros, y el viento
en el hueco de sus pensamientos*
　　　Iorgos Seferis

*El amor
el archipiélago
y la proa de sus espumas
y las gaviotas de sus sueños*
　　　Odysseas Elytis

Beyond the Sea

Odes

his desires the flutter of birds and the wind
in the spaces of his reflections
George Seferis

Love
the archipelago
and the prow of its sea spray
and the gulls of its dreams
Odysseus Elytis

LAS PIEDRAS

I

En el umbral
de puertas ahora inexistentes,
en recintos que apenas se deslindan
bajo el calor a plomo
y sus alianzas con los insectos y el polvo,
se superpone a la imagen soñada
o entrevista quizá
                    entre esas piedras
 una presencia inabarcable.

La huida cierra sus senderos.
Los límites se rompen,
y lo que daba forma al pensamiento
                         se deshace.

El tacto del día
y la nube del sueño
            deseantes
se entretocan.
Y al fondo
          como un pez ahíto
la conciencia.
Desciñe en luz arborescente
                     su íntima placidez,
lengua que se remuerde en el silencio

hasta que vibran
            los nombres imantados.

Frases repetidas en el umbral,
ritmos que se desgajan como cortezas.

STONES

I

On the threshold
of doors now non-existent,
in enclosures barely demarcated
under the full-on heat
and its alliances with insects and dust,
the image that was dreamt
or glimpsed perhaps
                      among those stones
is subdued by an endless presence.

Escape closes off its paths.
Boundaries break,
and what gave thought its shape
                      is undone.

The touch of day
and the cloud of dreams
            longingly
skirt each other.
At the bottom
            like a cloyed fish
lies consciousness.
Its inner calm
            unbuckles as arborescent light,
a tongue racking itself in the silence

until the magnetized names
                      vibrate.

Phrases repeated on the threshold,
rhythms that segment like bark.

2

Caben todos los siglos
entre esa mañana
               y la noche, apenas,
en que la ciudad aparecía
como un principio de los tiempos.

El límite transgredido ve ahora el otro lado—
van subiendo los ruidos,
               la nube de smog,
y se pierde el punto de fuga en la Plaza de los Héroes,
en la mesera a la puerta como una cariátide,
o en la luna ática y redonda
cruzando los techos entre ángulos de antenas
               y planos verticales—

A la pregunta ¿por qué aquí?
se adelanta en respuesta el zumbido de un taladro.
Y a la mente llega la visitación del poeta—
Veo entredormida la media luna de su turbante,
cuando el rumor
me hace volver de las bóvedas del sueño,
y un olor de anís y de tabacos húmedos
        me envuelve.
Y la luna del corazón,
apenas un filo
            bajo el círculo de sombra—
presencia no presente.

El sueño al que despierto se despoja
de las formas que le he dado en el tiempo;
ningún color en la retina,
               nada ya lo dibuja.
Traspasa la piel y se disuelve.

¿Qué detiene a la mente en el umbral?
—se pregunta la mente misma ante su icono.

2

Every century fits
between that morning
                and the night, almost,
in which the city appeared
like a dawning of time.

The trespassed boundary now sees the other side—
noises steadily climb,
                as does the cloud of smog,
and the vanishing point is lost in Heroes Square,
in the waitress at the door like a caryatid,
or in the round Attic moon
over the rooftops between the angles of antennae
                                and vertical planes—

The question "why here?"
is preempted by the pounding of a drill.
And the mind receives the visitation of the poet—
Dozing I see the half-moon of his turban,
when the hum
brings me back from the vaults of dreams,
and the scent of damp tobacco and aniseed
                                envelops me.
The moon in my heart,
barely a sliver
            under the circle of shade—
a presence not present.

The dream to which I wake sheds
the shapes I've given it over time;
no colour in the retina,
                nothing depicts it now.
It seeps through skin and dissolves.

What's stopping the mind at the threshold?
—the mind asks of itself before its icon.

3

Desde un silencio súbito
un perfume invade el recinto,
se congela en el recuerdo de una flor
                              delgada y blanca,
vuelta hacia el crepúsculo;
desde el azoro se escuchan las palabras,
"Iris, Iris,
tú que moriste a las puertas de Persépolis."

El calor sostiene un arco tenso en la mitad del día.
El toldo del balcón ciega de claridad.
Estridencias acompañan
al muchacho que pinta su terraza—
                              y ese sesgo oriental
vistiendo las canciones con velos sospechosos,
como si hicieran un recuento
de niñas que esperaron tras las ventanas
entre quemaduras de insectos
y la recitación
de los noventa y nueve Nombres de alabanza.

Caen objetos,
                escándalo de lenguas mal habladas,
mientras resbalan por la espalda
gotas de sudor
            como toques eléctricos.
Los circuitos cerebrales siguen vías anómalas—
                ...las puertas de Persépolis.

En la radio enumeraciones confusas,
                      información meteorológica.
Tras ventanas abiertas se ven cuerpos dormidos.

El calor acerca como un cangrejo sus tenazas.

3

From sudden silence
perfume invades the room,
it freezes at the memory of a flower
                              slender and white,
turned towards twilight;
in wonder the words are heard—
"Iris, Iris,
you who died at the gates of Persepolis".

The heat supports a taut arch mid-way through the day.
The balcony awning is blindingly bright.
Screeching accompanies
the youth painting his terrace—
                              and that eastern twang
dressing the songs in suspicious veils,
as if they were doing a tally
of girls who waited behind the windows
between insect stings
and the recitation
of the ninety nine Names of praise.

Objects fall,
         the scandal of ill-spoken tongues,
while beads of perspiration
trickle down my back
                like electric jabs.
The brain circuitry follows anomalous routes—
                …the gates of Persepolis.

On the radio confused enumerations,
                      weather reports.
Through open windows sleeping bodies can be seen.

Like a crab the heat draws its pincers closer.

4

El sol restalla en los mármoles desnudo.
Las inscripciones
ocultan y alumbran sus mensajes:
letras como pórticos,
triglifos,
        propileos vibrantes—
y allí donde chocan los nombres con las cosas
se abren vetas en el mármol
                como entradas a otros sueños.

Se desmoronan los templos de palabras,
el sentido se vuelve
            un trazo incongruente,
partícula que casa con el polvo.

Oscuridad completa bajo el sol,
ignorancia completa.

No hay marcas de la vía.
El dios abre y cierra los destinos
igual que el viento azota los postigos
                hasta romperlos.

Los pasos se repiten.
Y las preguntas ciegas,
el balbuceo,
el tumbo,
el azoro de pájaro—
            en espera de algo.

Caen palabras
        como monedas:
fulgura su reflejo en estas piedras
que existían aquí,
           antes de nosotros,

4

The sun lashes, naked, on marble.
Inscriptions
hide and light its messages:
letters like porticos,
triglyphs,
        vibrant propyleums—
and just where names and things collide
veins open in the marble
              like entries to other dreams.

Temples of words are crumbling,
meaning becomes
              an incongruous stroke,
a particle that marries with dust.

Complete darkness under the sun,
complete ignorance.

There are no signs of the path.
The god opens and closes destinies
just as the wind whips the shutters
              till they break.

The steps are repeated.
And the blind questions,
the stuttering,
the staggering,
the bird-like perplexity—
              waiting for something.

Words fall
        like coins:
their reflection gleams on these stones
that existed here,
        before we did,

y seguirán después—
                    como los dioses.

Corte transverso del sentido.
Se mira el oráculo sin comprender.

Todo comienza donde se cierran los ojos.

5

En la blancura de los atrios
la refracción del mediodía fulgura como sombra en la retina.
Cualquier aparición puede acontecer.
Los laureles de Daphne —Laura—
apuntan hacia el cielo con dedos abiertos en espanto.
Y el reflejo del dios se acumula entre esas piedras.

Se oye el viento del este,
los metales de los cencerros,
las cigarras:
            polifonía incipiente del verano.

El sol se abre en la piel,
desborda al sueño en el filo de un brillo,
funde las diferencias que a la tarde recobrarán sus rasgos
            definiendo en su margen accidentes de terreno
            o mostrando abismos
                        entre lo que se finge semejante.

Los sueños se desmoronan
                    ¿como estatuas de dioses?

Apariciones contra ese fondo:
la blancura de las *daphnes*
habla de la sombra que se agazapa
                    entre sus largas hojas.

and will continue long after—
                              like the gods.

A transversal cut through meaning.
We look at the oracle, none the wiser.

Everything begins where we close our eyes.

5

In the whiteness of the atriums
mid-day refraction gleams like a shadow on the retina.
Any apparition can occur.
The laurels of Daphne—Laura—
point to the sky, fingers spread in horror.
And the god's reflection accumulates among those stones.

The east wind is heard
the metal of goat bells,
cicadas:
        the incipient polyphony of summer.

The sun spreads on skin,
surpasses dreams on the edge of a shimmer,
melts differences that by evening will again be apparent
                defining the ruggedness of land
                or revealing chasms
                            between things that feign similarity.

Dreams crumble away—
                  like statues of gods?

Apparitions against that backdrop:
the whiteness of the *daphnes*
speaks of shade dwindling
                    among its long leaves.

Y a la noche, ¿dónde se insinuará lo claro?
¿Una ola en el mar
                    donde la luna instile su deseo?

6

                            En memoria de José Carlos Becerra
                            ...en bas la mer aux flots amers

Estelas votivas
para abrir el camino de los muertos.
Junto a la diosa aparecen
niños que llevan un gorrión,
una joven que ofrece —o recibe— un cofre pequeño,
                    ¿sus sueños venturosos?

El cuerpo apresa al aire la idea del vuelo—
allí donde yacen bajo las piedras
                    genios desalados.
O alguien mira desde los farallones
el mar amargo y bello
                    de su propio naufragio.

La imagen sobrepuesta
toma las formas, acomoda facciones,
ritmos,
        luces
a lo entrevisto en ese vuelo pálido.
Fulguran sus giros lúdicos
como llamas en los altos pebeteros.

Si más se acercan la muerte y lo real,
más humanos los dioses
                    ¿o divinos los hombres?

And at night, where will clarity suggest itself?
A wave in the sea
    where the moon instils its desire?

6

        In memory of José Carlos Becerra
        ...en bas la mer aux flots amers

Votive stelae
to open the path for the dead.
Beside the goddess
children appear carrying a sparrow,
a young girl offering—or receiving—a small casket,
      her joyous dreams?

The body grasps the idea of flight from air—
in that place where unwinged geniuses lie
      under stones.
Or someone looks from the cliffs
at the bitter, beautiful sea
     of his own wreck.

The superimposed image
takes on the shapes, adjusts features,
rhythms,
  flickers
of what was glimpsed on that pale flight.
Its playful moves glow
like flames on tall burners.

If death and reality draw closer,
are the gods more human
     or men more divine?

Sueños como plegarias,
dardos que se disparan
    hacia un blanco invisible;
formas de la pasión,
de la visión—
    entrecruce de huellas.

7

Antinomias
en el espacio cerrado de la conciencia.
Caminan el sueño y lo real para encontrarse,
y se miran de frente
sólo tal vez junto a la muerte.

Se encumbra el sol.
Irisación de hierbas entre las telarañas.
El viento se lleva las flores del eucalipto--
zumban las abejas confundidas,
apuntalan
    con su voz cierta
el sol de la mañana

    —brillo de dioses.
¿Qué formas toman
cuando bajan a encarnarse en estas luces?

Alguien los toca
y no quiere sino morir
    a la orilla del reflejo,
desvalido de tanto mar,
de tanto sol sobre las piedras,
con su sueño clavado como astilla
    en mitad de los ojos.

Dreams like prayers,
darts aimed
      at an invisible target;
forms of passion,
of vision—
         footprints crossing.

7

Antinomies
in the confined space of consciousness.
Dreams and reality walk so as to meet,
and face each other
perhaps only beside death.

The sun climbs.
Iridescent grasses among spider webs.
The wind carries away eucalyptus flowers—
confused, the bees buzz,
propping
        the morning sun
with their assured voice

                —radiance of the gods.
What shapes do they take
when they descend to embody these lights?

Someone touches them
and wants nothing but to die
        on the edge of the reflection,
overwhelmed by so much sea,
so much sun on the stones,
with his dream stuck like a splinter
              between his eyes.

Y tu belleza
        invisible
se ilumina en el sendero,
oh Radiante,
        inmenso ante las cosas—

¿Son dioses atrapados en la forma
u hombres atrapados en un sueño
lo que brilla
        en el sol de esta mañana?

8

A la sombra de la palma,
a orillas de la laguna desecada
se sobreponen tantos sedimentos
              en las piedras
como en la mente—
criaturas del pensamiento
              o el deseo,
   —¿quién las engendra?
¿qué dios todo fértil fecunda a su paso
el mínimo impulso,
        la más nimia ilusión,
y los convierte
en seres tenebrosos o radiantes,
que abruman de belleza?

Ellos, que saltan al Ida desde el Gárgaros,
        o guardan sus caballos inmortales
        en los establos de ambrosía,
se desdoblan en el sueño,
libres de pensamiento o turbulencia—
y quien los sigue
se encandila,
se ciega,

And your beauty
             invisibly
shines along the path,
oh Radiant one,
             great before all things—

Is what radiates
             from the sun this morning
gods trapped in a shape
or men trapped in a dream?

8

Under the shade of the palm tree,
on the banks of the dry lagoon
as much sediment is superimposed
                             on stones
as on the mind—
creatures of thought
             or desire,
   —who engenders them?
which all-fertile god sows the tiniest impulse
the most trivial fantasy,
             as he goes by,
and turns them
into dark or radiant beings,
whose beauty overwhelms?

They, who leap to Ida from Gargaros,
             or keep their immortal horses
             in ambrosia stables,
unfold in dreams,
free of thought or turbulence—
and whoever follows them
is dazzled,
blinded,

      se detiene en su azoro,
vuelve
          al lugar de partida.

9

Un río de piedras baja abrupto hacia el mar.
Corales fosilizados
por donde van los asnos con sus cargas de aceite.
Las flores de primavera
se vuelven pequeños soles quebradizos—

Un indicio de luz,
          gaviotas blancas.

Las olas repiten su plegaria en la oreja del dios.
El puerto se enfunda en su silencio.

Más obstinado
        el silencio del corazón,
se extiende por la arena
en el desorden de sombras del crepúsculo.
Los deseos se vuelven piedras brillantes,
semillas que devoran los pájaros,
o en la penumbra contagian de su nada.

La luna aletea como insecto,
pulsa
      en espirales sobre el agua
y a ras de las cosas visibles,
en la fisura,
crece hacia un ámbito más cerrado
                de la conciencia.

Las gaviotas dicen del alma
cosas que no entendemos.

      stops, bewildered,
returns
      to the point of departure.

9

A river of stones descends abruptly to the sea.
Fossilized corals
on trails for donkeys with their cargoes of oil.
The spring flowers
become small brittle suns—

A hint of light,
      white gulls.

Waves repeat their prayer in the god's ear.
The port is enveloped in its own silence.

More obstinate
      the silence of the heart,
sprawls on the sand
among the untidy shadows of twilight.
Desires become bright stones,
seeds devoured by birds,
or in semi-darkness they inflict their emptiness.

The moon flutters like an insect,
pulsates
      in spirals over the water,
and flush with visible things,
in the fissure,
it grows towards a more confined sphere
            of consciousness.

Gulls say of the soul
things we don't understand.

LAS OLAS

I

Aparece tu rostro.
Se hunde en leche,
como el Cordero bienhallado
                    en los Misterios.

El fuego se acerca sin tocarnos.
El azul es más intenso
que la ebriedad creciendo hacia las islas.

Tembloroso,
como detrás de humo,
                    aparece tu rostro.

El caracol mezcla el mar
al propio estupor
                  en el oído,
oleaje donde navegan
              Islas de la conciencia,
destellos—
              Ultramar.

Movimientos del muslo y la cadera
esbozan al tiento
              una danza.

    El mar se extiende
                  en olas que no se rompen.
Movimiento—
la última vocal
              reverbera en el oído.

WAVES

I

Your face appears.
Sinks into milk,
like the well-begotten Lamb
                    of the Mysteries.

The fire approaches without touching us.
Blue more intense
than the elation building towards the islands.

Trembling,
as if behind smoke,
                    your face appears.

The conch mixes the sea
with wonder itself
                    in our ear,
waves surging
      where the mind's islands navigate,
flashes—
                Beyond the sea.

Movements of thigh and hip
tentatively outline
                a dance.

    The sea stretches
                in unbroken waves.
Movement—
the last vowel
                reverberates in the ear.

El mar se extiende
más allá del tiempo,
                    inamovible.

Temblor,
          eco del movimiento—
calla
y nos habla
          en su lengua otra,
parecida a ese incendio de adentro,
juega y se difunde
hasta aquietarse en un rayo vertical.
Omnipresente,
          lenguaje del tacto sin manos.

2

Líneas del horizonte no turbadas
por adivinaciones tentativas.
Navegamos palmo a palmo
                    nombres de sitios
alzando hacia el oriente
el emblema del Uno que se bifurca—
y cruza los siglos sobrepuestos
                    en las capas de mar,
como las capas del último sueño de la mañana
son traspasadas por el rostro
del sueño eterno:
          los ojos miran fijos desde un fondo
— donde el mar no oxida a las estatuas
ni la sal abre la piel
          o mutila el ala o la cabeza.

Súbito espejeo entre el hombre y el dios—
          ¿cuál se refleja en cuál?
¿A quién pertenecían

*The sea stretches
beyond time
    immovable.*

A tremble,
    an echo of movement—
hushes
and speaks to us
    in its other tongue,
like that fire burning within,
plays and spreads
until it quietens in a vertical ray.
Omnipresent,
    the language of touch without hands.

2

Lines on the horizon unshaken
by tentative predictions.
We sail inch by inch
    through place names
hoisting eastwards
the emblem of the One who is forked—
and crosses the centuries overlapped
    on the sea's layers,
just as the layers of morning's last dream
are pierced through by the face
of eternal sleep:
    eyes stare from a depth
—where the sea cannot corrode statues
nor salt open the skin
    nor mutilate a wing or a head.

A sudden glint between man and god—
    who is reflected in whom?
Whose

con altivez de príncipe o danzante
el largo talle,
el tocado de plumas
      cayendo hacia la espalda
en un joven de Bonampak o de Knossós?

Vigor sin mancha en esos cuerpos,
      luz en los torsos.
Y se trenza en las ondas del cabello
  lo mismo que en las del mar
      el infinito.

De perfil,
devuelve entera la mirada.
Y de pronto,
    desaparece—
como un Kouros
     arrebatado del pedestal
donde sólo quedan fragmentos de los pies:
del derecho,
   el hueco del talón;
y del pie izquierdo,
    perfecto,
se infiere el cuerpo entero del muchacho en ofrenda,
avanzando sonriente,
desnudo como una espada.

No distinto en los vasos
     o en los frescos—
portadores de lirios o de ánforas,
muchachos de cabellos enroscados,
de fuertes pasos,
al filo de la impaciencia o el capricho.
Y no agotan en sí mismos
     el sueño de la especie.

was the slender waist
proud as a prince or a dancer,
whose,
the feathered headdress
                flowing down the back
of a Bonampak or Knossos youth?

Untarnished vigour in those bodies,
                        light in their torsos.
And plaited through their wavy hair
      as through the sea's
                —infinity.

In profile,
he returns a full-on gaze.
And suddenly
           disappears—
like a Kouros
           knocked from his pedestal
with only fragments of his feet left behind:
of the right foot,
           a hollowed heel;
and from the left foot,
           intact,
we infer the boy's whole body in offering,
smiling as he advances,
naked as a sword.

No different in vases
           or frescoes—
curly-haired youths,
bearers of lilies or amphoras,
sure-footed,
on the edge of impatience or a whim.
And they themselves don't sap
                the dream of the species.

¿Y el de la especie otra,
             la raza otra, Ellos?
¿Qué encontrarían en esta sequedad,
qué perseguían,
             qué sueño podía conmoverlos?
Sólo tal vez el sueño de los hombres.

3

Verdor de ojos.
Copulación de insectos bajo el techo de caña.
El tejido de las sillas se marca en las piernas,
la huella de los labios en la copa.

Sales en la punta de la lengua,
en los giros del habla—

        ¿Cómo medir
        ese polvo de luz en el crepúsculo
        fingiendo mármoles rosados
                    sobre el peñasco

Sales en la piel del litoral—

        mármoles rosados
                    sobre el peñasco gris?

Ah mentirosas,
         metáforas,
aleaciones fugaces
del ojo deseante
         y la belleza inasible.

La tarde se embriaga
         en un verdor ilimitado,
enciende en un extremo del verano
                    sus oxígenos.

And the dream of the other species?
                              the other race, Them?
What could They have found in this drought,
what were They after,
                    what dream might have moved Them?
Maybe only the dream of men.

3

Green as eyes.
Insects copulating under the cane roof.
The chairs' weave leaves its mark on our legs,
the imprint of lips on the wine glass.

Salts on the tip of our tongue,
in turns of phrase—

            How can that dusty light against the dusk
            be measured
            faking pink marble
                          on the crags

Salts on the coastline's skin—

            pink marble on the grey crags?

Ah! Metaphors,
         those liars,
fleeting alloys
of the wishful eye
            and intangible beauty.

The afternoon is getting drunk
                  on its endless greenery,
setting its oxygens alight
                  at summer's end.

Brillos se erizan entre el silencio
                          y sus pausas:
palabras ensartadas
en un hilo sutil de pensamiento.
Sueño del no saber.

Y en la doble ignorancia,
en el sustrato impenetrable
el horizonte resbala por los ojos.

4

Sonido varonil, ese lenguaje de las islas.
Sílabas contundentes,
                vocales definidas
como colores que separan el mar de los peñascos.

Isla salida de la nada,
lugar donde no se nace
                  ni se muere.
Sólo se sigue el decurso de su suelo,
que apila sobre la hierba
                  sus signos rotos—
estelas
despliegan en la onda su argumento,
        lo sostienen,
                lo curvan, lo sustraen
     —seducen al ojo—
            lo repiten.

La música de esa lengua sube al oído retentivo,
y el oído queda abierto
                en su embriaguez—
quizá traduce el tumbo,
        de la que corre a morir en las arenas,
o el gozo
        de la que nace de la espuma.

Shimmers bristle among the silence
                           and its pauses:
words threaded
on a thin thread of thought.
The dream of not knowing.

And in the twofold ignorance,
in the impenetrable substrate
the horizon slides down our eyes.

4

A manly sound, that language of the islands.
Strong syllables,
         honed vowels
like colours separating the sea from the crags.

Island emerging from nowhere,
place where no one is born
                       or dies.
Only the course of its ground is followed,
piling its broken signs
                     on the grass—
stelae
unfold their argument on the waves,
     hold it,
             bend it, withdraw it
      —seduce the eye—
                   repeat it.

The music of that tongue rises to the retentive ear,
and the ear stays open
               in its intoxication—
maybe it translates the tumble
         of the wave rushing to die on the sands,
or the delight
         of she who is born from the spray.

¿Qué cosa no viene del mar?

Nombres que no atraen a la muerte
                      pero tal vez endulzan su llegada:
    La de Voz Deleitosa
    La que Despierta el Deseo
    La Bañada en Luz—
                      La Inevitable.

5

Mujeres taciturnas,
cinceladuras de yeso en la pared
                      —asimetrías.

Desde una cresta de luna
los olivos se equilibran
                      precarios
en el declive de la tarde.
Suben las carretas del verano
                      hacia los caseríos altos,
y al ponerse el sol
una serpiente luminosa
                —fanal de bicicleta—
ondula en los viñedos.

Venus y la luna menguante
                      en conjunción
iluminan las aguas.
La isla
copia la forma de esa media luna
quebrando su espinazo
                      entre dos puntas—
restos de su cuerpo flotan
                  como huesos calcinados.

Is there anything that does not come from the sea?

Names that don't attract death
                            but maybe sweeten its arrival:
          She of the Delectable Voice
          She of Nascent Desire
          She Bathed in Light—
                            She the Inevitable.

5

Silent women,
chiselled plaster on the wall
                    —asymmetries.

From the crest of a moon
olive trees balance
                    precariously
as evening declines.
Summer carts make their way up
                    to hillside houses,
and with the setting sun
a bright snake
          —a bicycle lamp—
meanders through the vineyards.

Venus and the waning moon
                    in conjunction
light up the waters.
The island
copies the shape of that half-moon
bending its back
          between two ridges—
remains of its body float
          like charred bones.

Así el mar del sueño junta o devora
fragmentos de la sustancia dividida.

En un ala de insecto los tejidos de la visión:
la ciudad parpadea
                en veladuras de plúmbago,
sobre playas que apenas se distinguen.
En los patios cerrados
la luz parece ascender de un pozo oculto;
brillan los deseos—
                tanta la transparencia acumulada.
Y una memoria de desastre.

Fragmentos de conciencia
emergen
      y se sumergen,
    como esas islas.

6

Vuelo tendido como un grito
                en el atardecer.
El viento quiebra
una espiral de olas que se alejan.
Ir y venir,
hueco dando tumbos—
                y en un giro
iluminada de pronto
            como un arco celebratorio
la gran puerta.
Sin muros ni recinto:
            sólo umbral.

Toda la noche, el mar.
Sus voces en la piel
cubren de resonancias
            los sedimentos del sueño:

Thus, the sea of dreams joins or devours
fragments of the divided substance.

On the wing of an insect the fabrics of a vision:
the city twinkles
                through veils of plumbago,
over beaches almost blurred from view.
In enclosed courtyards
the light seems to rise from a hidden well;
desires gleam—
                such is the accumulated transparency.
And the memory of a disaster.

Fragments of consciousness
emerge
      and submerge
   like those islands.

6

Flight spreading like a scream
                      in late afternoon.
The wind breaks
a spiral of waves as they roll away.
Ebb and flow,
a hollow, tumbling—
                  and with one twist
suddenly illuminated
              like a celebratory arch
the huge door.
No walls or enclosure:
              just a threshold.

All night long, the sea.
Its voices on our skin
cover the dregs of sleep
            in resonances:

criaturas tempestuosas y fugaces,
                        —vuelos que se revierten.
Como el ojo del dios
ya tocando lo humano,
                        el ala rota,
algo baja del cielo impracticable
a condensarse en una imagen fija:
la puerta de un templo
                        que no se edificó jamás—

Al fondo un resplandor,
                        polvo de nuestros huesos
cubre el horizonte de amatista.

Y en el límite extremo de un destino,
si todo es ofrenda
y vierte sus aceites íntimos en el fuego del tiempo,
se vuelve una sustancia que se agota
                        y se va de las manos,
o se convierte en plegarias de agua,
frases de luz,
caricias
          sobre el cuerpo constante de las cosas.

7

Vinos festivos frente al mar.
Ningún mar tan azul,
ninguna otra imagen
                    tan perfecta.

¿Basta como argumento la belleza?

El sol desciende por la puerta de Apolo,
y entre los bloques de mármol
escogemos pequeños guijarros,
                        como instantes preciosos.

tempestuous, fleeting creatures,
                —flights reverting back to themselves.
Like the eye of the god
already touching men,
                the broken wing,
something descends from the unworkable sky
and condenses into a fixed image:
the door of a temple
                that was never built—

In the distance, luminescence,
                the dust of our bones
covers the horizon in amethyst.

And at the farthest end of a destiny,
if everything is an offering
and pours its intimate oils on the fire of time,
it becomes a substance that is consumed
                and slips from our hands,
or turns into prayers of water
words of light,
caresses
        on the constant body of things.

7

Festive wines on the seafront.
No sea as blue,
no other image
                as perfect.

Is beauty enough of an argument?

The sun is setting over Apollo's gate,
and between the marble slabs
we pick white pebbles,
                for the precious moments.

Las olas repiten lo mismo
que murmuras en mi oreja.
Y ese pájaro,
    aleta o ala,
        vuela como voz,
      alcanza lo más alto
              y se sostiene en un trémolo—
para bajar de súbito
        glissando.

Mar dorado
    cuanto más cerca del crepúsculo,
    cuanto más descienden las otras luces,
              las oscuras.

Los pedazos de pan
que lanza un viejo al agua
desaparecen en la boca de los peces—
dejan círculos que brillan todavía
          bajo la luz poniente.
Lanza luego un señuelo.

  El castillo,
     color oro,
  se vuelve una mancha melancólica.

Pero el pez que da con el señuelo
         no lo muerde.
Así sean los instantes de los que hemos bebido:
que eludan,
    lúdicos, su muerte.

El sol se va.
La bahía se llena de un temblor felino.

Márangas
    —sílabas que resuenan

The waves constantly repeat
what you whisper in my ear.
And that bird,
           flipper or wing,
                     flies like a voice,
        reaches its highest pitch
                        and hovers in a tremolo—
to suddenly descend
                glissando.

Golden sea
        the closer it is to twilight,
        the more the other lights fall,
                          the dark ones.

The chunks of bread
an old man throws at the water
disappear inside fishes' mouths—
leaving circles that still sparkle
                in the evening light.
Then he throws out bait.

        The castle,
                golden in colour,
        becomes a melancholy stain.

But the fish that finds the bait
                      does not bite.
Let the moments we've drunk from be like that
playfully eluding
                their death.

The sun is going down.
The bay fills with feline trembling.

Marangas
        —syllables that resound

cuando el agua avanza como una nutria blanca
$$\text{entre las rocas}$$
y se escabulle.

Un mascarón de proa atraviesa finos tegumentos,
brilla por un instante.
Márangas.

Tan lleno de voces ese mar.
Tan cargado de sueños el navío.

8

Un claroscuro
$$\text{bajo las pérgolas.}$$
Las glicinas caen sobre el mantel
y vemos a las abejas visitarlas;
dejamos al corazón
abundar en tiernos diminutivos
mientras miramos el crepúsculo
$$\text{sobre el vinoso mar.}$$
Brillo de ola,
de hojas de vid
$$\text{en tus cabellos.}$$

Recorremos las calles
desde una risa que invade
$$\text{la brisa de la noche.}$$
Por una estrella errante
el cielo recompone sus mapas.
Siempre perseguido,
el Cazador se aleja del cenit
$$\text{a contemplar a la ninfa fugaz.}$$
Y toda la desventura de quien sabe su muerte
no basta para atenuar ese esplendor.

when the water rushes like a white otter
                                        among the rocks
and scurries away.

A figurehead pierces thin layers
shines for a moment.
Marangas.

So full of voices that sea.
The vessel so laden with dreams.

8

Chiaroscuro
                under the pergolas.
Wisteria falls on the tablecloth
and we see bees pay it a visit,
we let our heart
swell with affectionate diminutives
while we watch the twilight
                          over a wine-red sea.
The sparkle of waves,
of vine leaves
            in your hair.

We walk through the streets
from laughter that invades
                      the nocturnal breeze.
For one shooting star
the sky recharts its maps.
Chased as always,
the Hunter leaves the zenith to observe
                          the fleeing nymph.
And all the misfortune of someone who knows his death
does nothing to diminish that splendour.

La inflexión de la ola
            rasga el entresueño lúbrico.
Y en la pura finitud
la marea nos disuelve en lentos movimientos,
                        giros de artrópodos.
Modula sus frases aleatorias
en carne viva,
traspasa al ras su propio grito
                    como oleaje
convulso
        como mar.
Inasible
        ondulación de rayas,
mantos extiende sobre la superficie.

Ecos no inteligibles
            y en sus huecos
la espuma de tu nombre.

Veo desenroscarse tu pelo en la almohada
y lo que te conduce desde el sueño
                        para llegar al día,
las escalas que bajas —o subes   en ese parpadeo,
tu brazo que se extiende suelto,
no los sepulta la marea entre sus capas.

9

La luz de la calle invade la ventana,
dibuja sobre el muro
            nuestras sombras que ondulan.
Los ojos cerrados
absorben
        la cresta de cada movimiento.
Al fondo,
donde otra luz no irrumpe todavía,

The wave's inflection
	cuts into the slippery dream.
And in the pure finiteness
the tide dissolves us into slow movements,
				the twists of arthropods.
It modulates its random words
into raw flesh,
skims across its own cry
		like choppy waves
convulsive
	like the sea.
Intangible
	undulation of stingrays,
spreading mantles over the surface.

Unintelligible echoes
		and in their hollows
the surf of your name.

I see your hair unravel on the pillow
and what leads you from sleep
			to reach the day,
the steps you go down—or up—in that blink,
your arm loosely outstretched,
none of it buried by the tide among its layers.

9

Street light invades the window,
draws our swaying shadows
			on the wall.
Closed eyes
absorb
	the crest of every movement.
In the distance,
where no other light appears yet,

se desplazan
capas difusas de la conciencia,
                    como paisajes de ultramar,
nubosidades altas,
   olas que llegan a la orilla.

Las sombras ondulan sobre el muro
y tus ojos cerrados
                  miran más que los míos.
Tu aliento
mezcla el olor de mosto a sus fragancias.
Todo se alarga con la respiración
                   y toca las sombras,
se acorta y entra
      por los labios entreabiertos

    umbral

Fondo mismo de una cueva,
las paredes cerrándose obtusas
hacia un ángulo
donde apenas se yerguen los torsos

    umbral

aire adelgazado—
            y los gritos desde la calle,
cadencias errantes,
se tocan con la cadencia encendida
                  bajo el ángulo azul
donde adivino apenas
la línea de tu frente.

El sol de la noche
corta con trazos límpidos
un ámbito de cuerpos desnudos

hazy layers of consciousness
drift by
      like landscapes beyond the sea,
clouds clustered high,
    waves reaching the shore.

Shadows sway on the wall
and your closed eyes
        watch more than mine.
Your breath
blends the smell of must with its fragrances.
Everything slows with our breathing
          and touches the shadows,
shortens and enters
    our parted lips

  threshold

The very depths of a cave,
its walls closing in, obtuse,
towards and angle
where torsos can barely stand upright

  threshold

thinning air—
        and the cries from the street,
wandering cadences,
meet the blazing cadence
        under the blue angle
where I can barely make out
the line of your forehead.

With clean strokes
the night sun cuts
a realm of naked bodies,

desplegando en la arena formas rotundas—
                              perfil acusado
que corre por la orilla
                tras un sueño.

Y de aquel en que existimos
se desprenden contornos dóciles,
                              sin líneas.
Sólo masas donde la luz disuelve
                     o acentúa
volúmenes,
distancias de lo inasible.

displaying round shapes on the sand—
                              a marked profile
running along the shore
                        in pursuit of a dream.

And from that dream where we exist
gentle contours fall away,
                          with no lines.
Only masses where the light dissolves
                                  or accentuates
volumes,
distances of the intangible.

LAS CIGARRAS

I

Amanece,
las cigarras empiezan sus odas lentas.
Las luces se van apagando en la bahía
y brillan los barcos,
anclados aún
        como esos sueños.

Amanece sobre las islas.
Las casas blancas brillan
              contra el azul.
En las olas de luz
        burbujas nimias.

Un piar,
Un picotear de grajos
          en la higuera.
A lo lejos
      quietas fulguraciones
tras el follaje que se mece—
y es sólo la inocencia de las piedras
              más blancas por desnudas
del templo de La Bañada en Luz.
      —¿A dónde iría en esa soledad?
¿Oiría otra cosa,
      como Ariadna,
que el bajo continuo de las cigarras
                  callar de pronto?

Las mareas bajan
        y sus brillos
ocultan aún los filos de las piedras.

CICADAS

I

Sunrise.
The cicadas begin their unhurried odes.
In the bay the lights are going out
and boats shimmer,
still moored
        like those dreams.

Sunrise over the islands.
White houses shimmer
                against the blue.
In the lightwaves
        tiny bubbles.

Chirruping
Rooks pecking
        at the fig tree.
In the distance,
        gentle flashes
behind swaying foliage—
and it's only the innocence of stones
                all the whiter in their nakedness
at the temple of the Goddess Bathed in Light.
    —Where was she going in that solitude?
Could she have heard something,
                like Ariadne,
other than the basso continuo of cicadas
                          suddenly stopping?

Tides go out
        and their sparkle
still hides the stones' sharp edges.

La mente atraca
           en las mismas playas desiertas.
Relato de un cuerpo gravitando
hacia su propia materia deshabitada.

Embarcaciones indecisas en el horizonte.
Y mientras se sabe
           si vienen o se van,
las cigarras estallan
        —claridad descarnada—
marcan el giro al tiempo nuevo
en que habremos de morir
                igual que ellas.

2

Cigarras
        como almas regadas por el pasto.

Ecos de pensamientos.
Los míos dicen:
"Vine aquí en busca de una imagen
                entrevista en el sueño."
O bien:
"Vine aquí a destruir mis sueños."

Momentos ya vividos,
sospecha de algo que se teje
al borde de un mismo instante—
              y madura hacia otros signos.
Y esa urdimbre
hecha de materias olvidadas
tiende un lazo
           hacia los días futuros.

The mind arrives
              at the same deserted beaches.
The story of a body gravitating
towards its own stark consciousness.

Undecided boats on the horizon.
And while their coming or going
              is known,
the cicadas erupt,
      —clarity itself—
announcing the shift towards the new time
in which we'll have to die
              just like them.

2

Cicadas
      like souls scattered over the grass.

Echoes of thoughts.
Mine say:
"I came here in search of an image
              glimpsed in a dream."
Or
"I came here to destroy my dreams."

Moments already lived,
a suspicion about something woven
on the edge of an instant—
            ripening towards other signs.
And that warp
made of forgotten materials
extends a tie
        towards future days.

Intentos por resarcir las hebras deshechas.
¿Se bordaban los confines del mundo?
¿Los amores del Dios—
Serpiente silenciosa allegándose
                a la grave caverna?

Tejidos de una seda luida—
de lo soñado
        a lo vivido
a lo soñado,
el hilo corre y se pierde
              en la otra urdimbre,
en un cabo y otro se deshace—
¿y cuál es más real?
¿El decurso circular
           o el zigzagueo?
¿Lo que se hace visible
o aquello que se muestra
            en lo que no se ve?

Los hilos se enmarañan
bajo el sesgo verde de la luna.

3

La noche se columpia
en el llamado de las lechuzas.
Aleteos,
las palabras oídas en el sueño
              se fugan
al sentir la primera cigarra
que corta ya a intervalos
           el silencio del amanecer.

Palabras que se quieren
           más allá de sí mismas—

Attempts to make up for frayed threads.
Were the ends of the earth embroidered?
And the loves of the God—
that silent serpent creeping up
     to the grim cavern?

Scenes woven from faded silk—
From dreams
    to life lived
to dreams,
the thread runs and is lost
      in the other warp,
frays at one loose end, then another—
and which is more real?
The circular course
    or the zig-zagged one?
What appears to be visible
or what is revealed
     in what we cannot see?

The threads get tangled
under the moon's green tilt.

3

The night swings
on the call of owls hooting.
Flapping,
words heard in a dream
     take flight
at the sound of the first cicada
now fitfully cutting
    the silence of dawn.

Words wanted
    beyond what they are—

y al tratar de apresarlas
descomponen su vuelo en giros lentos
                            como gestos rituales.
Se vacían de imagen,
son sólo voz—
            sombrías aliteraciones
                en un diapasón más grave;
resonancia,
            deseos del mar por sus criaturas.

    ¿Quién eres tú?
en ese espacio intermedio
donde suena
            lo que aquí no escuchamos,
indistinguible
de la urdimbre del entresueño
                    o la sustancia del mundo.

    ¿Quién eres?
en la pausa donde se cruzan
                lo humano y lo divino,
y el vuelo se desprende de los cuerpos.

El día nos restituye al equilibrio medido,
los límites—
            hasta que irrumpen
las cigarras:
grito desquiciado,
incisión voraz
            sobre el instante.

4

"El único instrumento es la pasión."
Las palabras se abren desde el sueño
sorteando imágenes,
                explicaciones sentenciosas.

yet when we try to grasp them
their flight is slowly undone
                        like ritual gestures.
They empty of image,
are no more than voice—
        gloomy alliterations
        in a lower key,
resonance,
        the sea's craving for its creatures.

    Who are you?
in that intermediate space
where what we cannot hear
                  resounds,
indistinguishable
from the warp of daydreams
                      or the substance of the world.

    Who are you?
at the pause where the human and the divine
                           intersect,
and flight casts bodies off.

Day returns us to a measured balance,
to limits—
        until the cicadas
strike up:
a deranged scream,
a voracious incision
                over the moment.

4

"The only instrument is passion."
The words open from inside a dream
dodging images,
        weighty explanations.

Todo desaparece,
como tinta invisible de juegos infantiles.
La garganta se contrae,
las palabras se quedan en la boca,
y sólo repiten
         "El único instrumento es la pasión."

¿Y qué es pasión?
Vivir al borde de lo posible
               o lo imposible,
aferrarse a algo
—o dejarlo ir
como se suelta de la jaula
           un jilguero querido.
O sufrir en sí mismo
la carga de un gozo delirante,
encandilado
     en sus blancuras y sus brillos,
en sus vuelcos
         atónito,
capricho de un dios
que puede aniquilar
         en un segundo.

"El único instrumento es la pasión."

Desde lo oscuro,
sólo se ve la misma estancia
           reflejada en los vidrios.
Silencio afuera
     —noche de las cigarras.

Tal vez sea pasión
      su grito obstinado
penetrando las paredes del alma,
hendiendo la realidad
hasta volverla sólo eso:
         grito.

Everything disappears,
like the invisible ink in children's games.
The throat constricts,
words get stuck in the mouth
repeating nothing but
              "The only instrument is passion".

And what is passion?
Living on the edge of what is possible
              or impossible,
clinging to something
—or letting it go
like releasing a loved goldfinch
              from its cage.
Or one's own suffering
the burden of some delirious pleasure,
dazzled
      by its whiteness and sparkle,
astonished
        by its twists,
the whim of a god
who can annihilate
        in one second.

"The only instrument is passion."

From the darkness,
only the same room can be seen
              reflected in the windows.
Silence outside
       —night of the cicadas.

Maybe their obstinate scream
              is passion
piercing the walls of the soul,
cleaving reality
until it becomes just that:
        a scream.

5

Huellas de medusas en la piel,
como si cada cigarra
             punzara con una horquilla
o legiones de hormigas dejaran rastros quemantes
                          de su paso.

Cielos pálidos al transcurrir el verano.
Y toda esa luz,
             esa blancura de tálamo,
esas terrazas por donde entra la noche
en un filo plateado,
             rasgueo inaudible,
siguen allí,
cuando hemos recorrido
la cresta de la nueva luna
             en un extremo del corazón.
Y el mar—
toma al crepúsculo
el color de nuestros vinos dorados.

Los odres están vacíos.
El vino muerde ahora la sien,
trastorna
        las travesías;
lo que nos dimos y no nos dimos
brilla
     bajo un sol que se aleja.

Ningún mar tan azul,
ninguna luz
        tan blanca,
aunque ese esplendor
ya llevara consigo
             la caricia de lo oscuro.

5

Jellyfish lesions on skin,
as if each cicada
             were stabbing with a hairclip
or armies of ants were leaving burning trails
                              in their wake.

Pale skies as summer unfolds.
And all that light,
             the whiteness of a marriage bed,
those terraces where the night slips in
on a silver thread,
             inaudible strumming,
are all still there,
when we've been around
the crest of the new moon
                  at one end of our heart.
And the sea—
at twilight it takes on
the colour of our golden wines.

The wineskins are empty.
The hour bites our temples,
disrupts
      the journeys;
what we gave and didn't give each other
sparkles
      under the sun as it moves away.

No sea as blue,
no light
    as white,
even though that splendour
may already have held
              the caress of darkness.

6

Sombras en el día,
roces tantálicos,
          frases que nunca alcanzan a decirse.

El peso de lo real marchita los sueños—
no mueren en lo oscuro
              ni bajo el sol que ciega—
titubean tal vez como Tiresias
                entre dos inmensidades.
    —*Nadie se acerca a un dios impunemente.*

Por el camino
quedan las *daphnes* secas
              como espectros
junto a los últimos manojos rosados.

Los sueños también destruyen lo real—
y qué es lo real pierde sentido
a la hora en que las cigarras
                se enardecen
y el sol quema y ciega lo mismo
a las hormigas rojas
que a las peñas de arenisca
o los restos del templo
           de La Bañada en Luz.

Belleza plena.
Tanta luminosidad confunde,
hace surgir un terror,
un deseo de oscuridad
        —así en aquellos irritados por el sol:
frentes que se abruman
y llevan como una carga
              la luz del día,
ojos que temen en cada reflejo

6

Shadows in daytime,
tantalic touches,
        phrases forever unsaid.

The weight of reality shrivels up dreams—
they don't die in the dark
        or under the blinding sun—
they stutter maybe like Tiresias
            between two immensities.
    —No one approaches a god with impunity.

Along the path
the *daphnes* remain dry
        as spectres
next to late rosy clusters.

Dreams also destroy reality—
and reality makes no sense
at the hour when the cicadas
        grow fervent
and the sun burns and blinds
the red ants
as it does the sandstone crags
or the remains of the temple
        of the Goddess Bathed in Light.

Utmost beauty.
Such luminosity is confusing,
it brings terror to the surface,
a desire for darkness
    —so it is for those bothered by the sun:
foreheads overwhelmed
carrying the light of day
        like a heavy load,
eyes fearing the tip of an arrow

    una punta de flecha,
—y algo se mueve en la retina
    sin que se pueda percibir.

Retroceden al laberinto,
se acuclillan en la sombra
y sólo emiten un soplo
    que no deja salir los pensamientos—

Heridos de luz,
    trastornados,
como criaturas de lo oscuro.

7

Raptos intempestivos,
cavernas latentes en los muros.
Ah penumbra
sueño que se apodera,
clava en su sitio,
y hace bajar a sus limbos ingrávidos.

Súbitamente quieta,
la lengua saborea su lento monosílabo,
su lumbre comedida.

Y en ese fondo,
en una dilatadísima curva de tiempo,
el agua inmóvil
    traspasada
por dardos de luz
captura el oro momentáneo.

Cerrados sobre su propia finitud
los ojos contemplan impasibles
un aleteo

                              in every reflection,
—and something impossible to discern
                              moves in the retina.

They withdraw into the labyrinth,
crouch in the shade
emitting only a puff
              that allows no thoughts through—

Wounded by light
              distressed,
like creatures of the dark.

7

Unforeseen raptures,
latent caverns in the walls.
Ah semi-darkness,
a dream that takes over,
nailing things in place
and lures us down to its weightless limbos.

Suddenly still,
the tongue savours its slow monosyllable,
its restrained flames.

And in those depths,
on a curve of time bending ever so slowly,
the motionless water
                    pierced through
by darts of light
captures its momentary gold.

Closed over their own finiteness
the eyes, unflinching, observe
a flutter

que el tiempo arrima
                a sus fuegos insomnes.

Y nosotros
ardimos con la cera
                de nuestra propia substancia
para volvernos algo en la lejanía,
                          indistinguible
de aquellas piedras rotas,
de esos nombres ya idos.

8

En el brillo de una calle quebrada
o en un hueco imprevisto del corazón
se cierra el periplo,
cercano siempre
                al punto más lejano.

Cesa el fragor unánime en los cedros,
los laureles,
las pináceas desconocidas:
casas de las cigarras
                —y los gorriones que las devoran.

En tanto, la noche es fresca
y la luna ya creciente
roza las columnas del templo
                        de La Bañada en Luz
y el pedestal solitario de una esfinge—

    si te acercas me acerco,
    si te alejas me voy,
    sólo si me atraviesas te verás.

that time brings closer
> to its sleepless fires.

And we
who burned with the wax
> of the stuff we're made of
became something in the distance,
> > indistinguishable
from those broken stones,
those names, already gone.

8

In the shimmer of a broken street
or in the unforeseen hollow of the heart
the voyage ends,
always close
> to the farthest point.

The unanimous clamour stops in the cedars,
the laurels,
the unknown pines:
homes of the cicadas
> —and the sparrows that devour them.

Meanwhile, the night is cool
and the moon, already waxing,
brushes the columns of the temple
> of the Goddess Bathed in Light
and a sphinx's solitary pedestal—

> *if you come near I'll come near*
> *if you go away I'll leave*
> *only if you go through me will you see yourself*

No se lanza al vacío
ni naufraga en aguas
que cruzan desde estos tiempos
                          los espacios otros.

Crucificada entre la sombra y la luz,
                        o entre la luz y el sueño,
desprendo de la piel la arena que ha quedado
y saboreo el juego ya cumplido.

9

Veo desdoblarse entre las manos
                      las criaturas del sueño
sin saber qué se engendra
entre mis pasos
      y las rocas que hunden en los pies
                        sus cantos ásperos,
entre mis ojos
        y los mosaicos desvaídos
  —Diónysos alado en su pantera.

El último barco pesquero
se recorta como un insecto luminoso.

No se toca fin,
hay sólo un giro
que abre a la vista otro tramo
                      interminable
No se toca fondo—
no hay fondo,
sólo un revolotear,
            gritos,
imágenes que se siguen
       —testamentos de Orfeo.

She doesn't plunge into emptiness
or go under in waters
that from these times are crossing
                              spaces beyond.

Crucified between shadow and light,
                              or between light and dreams,
I shake off the sand left on my skin
and savour the game already ended.

9

Unfolding in my hands I see
                the creatures of dreams
but don't know what is engendered
between my steps
        and the rocks sinking their sharp edges
                              into my feet,
between my eyes
        and the faded mosaics
     —winged Dionysus on his panther.

The last fishing boat
is cut out like a luminous insect.

The end can't be reached,
there is only a turn
that opens another interminable stretch
                            before my eyes.
The bottom can't be reached—
there is no bottom,
only a whirling,
        shouts,
one image after the other
      —Orpheus' testaments.

Nada queda adelante
               o está atrás—
sustancias soñadas,
               alas,
cosas que brillan
y se juntan en las playas.

El sol se va.
Los reflejos se opacan.
Bruma color malva.
Oh mancha del horizonte
               como un sueño que se borra.

Las olas son ya sólo ebriedad,
gritos que se vuelven luz movediza.

Grecia, veranos 1997-1998

There is nothing ahead
                    or behind—
dreamed substances,
                    wings,
things that sparkle
and converge on beaches.

The sun goes down.
Reflections become opaque.
Mauve mist.
Oh stain on the horizon
                    like a dream being erased.

The waves are now only inebriation,
shouts that become quicklight.

Greece, summers of 1997 and 1998

El vino de las cosas

Ditirambos

Todo está lleno de dioses
Tales

The Wine of Things

Dithyrambs

Everything is full of gods
Thales

INVOCACIÓN

Me llamas desde los matorrales,
desde las hojas ahítas de tu savia.

Cualquier resquicio en el tezontle
                    o agujero en la nube,
cualquier fisura en el aliento
me vuelcan al sitio donde imperas
como un lirio morado,
una piedra sagrada,
                una resina.

Te sigo y pierdo mi cuerpo
como quien se dispone a naufragar
o se vuelve un pararrayos,
quien suspende del aire
                su querella contra el miedo
        y se acerca manso
        y abreva en tu costado.

Allí donde tu voz se oye,
el mundo se vuelve
                esa sustancia pálida.

Teje sus redes
el pensamiento a la deriva.
Acaso se encuentran
                y convergen
las luces y su sombra.
Acaso se unen.
Nada queda del suelo donde te muestras.

        Y yo te sigo,
        tierra me vuelvo para sentir tus pies.

INVOCATION

You call me from the thickets,
from the clustered leaves of your sap.

Any crack in the rock
                or hole in the cloud,
any fissure in the breath
bring me back to the place where you reign
like a purple lily,
a sacred stone,
                resin.

I follow you and lose my body
like someone about to sink
or turn into a lightning rod,
someone who hangs his quarrel with fear
                                  from the air
        and approaches meekly
        and drinks from your side.

There, where your voice is heard,
the world becomes
                that pale substance.

Its nets are woven
by drifting thought.
Perhaps lights and their shadows
                        meet
and converge.
Nothing is left of the ground where you appear.

        And I follow you,
        become clay to feel your feet.

Se encienden,
flotan,
        fibras de tu voz.

Me llamas en el vértigo.
Dejo caer el tiempo
como una fruta ingrávida,
dejo al río transcurrir
              sin preguntarme
qué celadas tiende en el reflejo.

Allí tu voz
ensancha sus hojas,
y no hay cómo resistir
la nada que acecha tras tus formas.

Las hormigas horadan mi sueño,
abren filigranas bajo tierra
por donde ascienden tus otras voces.

Fibres of your voice
ignite,
        hover.

You call me from the whirlwind.
I let time fall
like a weightless fruit,
I let the river flow
              without wondering
what traps are set in its reflection.

There your voice
broadens its leaves,
and there is no way of resisting
the void that waits behind your shapes.

Ants drill through my dream,
opening watermarks underground
from where your other voices rise.

DITIRAMBOS

I

Tú que desatas los nudos
liaste las dos puntas.
En el círculo de oro
donde el tiempo
           se devora a sí mismo,
la conciencia vuelta de revés
                    detiene su caída.
Y en ese filo impracticable,
el salto ileso,
    vuelto ala
           en la mitad del aire,
da comienzo a otra ronda.

Tú que atas los nudos
te vuelves luz
        en medio de una grieta,
te vuelves letras como gotas heladas,
sales en el cristal del tiempo.
Punzas en la conciencia
           —sangradura,
                epicentro distante—,
y entre aquello que dices
              y lo que oigo
un corredor de espejos,
un contorno borrado,
          espesuras.

DITHYRAMBS

1

You who untie the knots
got both ends tangled.
In the golden circle
where time
        devours itself,
consciousness turned inside out
                            stops its fall.
And in that unworkable thread,
the unharmed leap,
        now a wing
                half-way through the air,
begins another round.

You who tie the knots
become light
        half-way down a crack,
become letters like frozen drops,
salt in the crystals of time.
You jab my mind
        —bleeding,
                distant epicentre—
and between what you say
                and what I hear
a corridor of mirrors,
an erased outline,
        densities.

2

para Verónica Volkow

Tus formas se graban en el monte,
en los bordes húmedos de la piedra
                —cavidades como axilas.
Tus formas se pegan a mis huesos.
Dejo de existir,
sólo tú quedas
        como jade en estas faldas.

Cuánto de ti estalla en cada hoja,
reverbera en la distancia
donde tu luz devora todo brillo.

(¿Estoy en tu abismo
              o lo rodeo?)

Renazco en la sombra del laurel,
en la celda de un templo circular
si sostienes
con un pie gigantesco
             el firmamento.

Tus formas como un vértigo
me absorben,
        me disuelven.
Dejan en mis labios briznas de anís.

Y en el fondo del risco
árboles como dioses,
            sabinos rojos.

2

for Verónica Volkow

Your shapes are etched on the mountain,
on the damp edges of rocks
            —cavities like armpits.
Your shapes stick to my bones.
I cease to exist,
only you remain
         like jade among these folds.

So much of you explodes in each leaf,
reverberates in the distance
where your light devours all brilliance.

(Am I in your abyss
         or do I surround it?)

I am reborn in the shade of the laurel,
in the cell of a circular temple
if with one gigantic foot
you hold up
         the heavens.

Like a whirlwind your shapes
absorb me,
      dissolve me.
Leave scraps of aniseed on my lips.

And at the bottom of the cliffs
trees like gods,
         red cedars.

3

En el patio de mosaicos blancos
los arabescos trazan límites al ojo,
sus curvas ordenan
                tu sombra desbordada.

Brillo de sal,
la luz
       ciega más
cuanta más sombra se levanta
                bajo la pérgola vencida
o en las corolas de cantera
                junto a la fuente.

Pálida
       como tu cara
con más sombra en los ojos
                de la que juntas bajo el cielo,
llega la noche.

Tu silencio
disimula las palabras
                talladas en la piel,
tu voz les arranca
armonías que riman con la muerte.

Pálida noche
en esas frondas donde danzan
                pavorreales de luz,
caudas turbadas
       por el viento que sacude
tu cortejo de sombras
                y canta en la barranca.

3

In the courtyard of white mosaics
arabesques trace limits for the eye,
their curves arrange
                    your overflowing shadow.

Salt glistens,
the light
            more blinding
the more shadow it casts
                under the stooped pergola
or on the carved corollas
                by the fountain.

Pale,
      like your face,
with more darkness in her eyes
                    than you gather under the sky,
night falls.

Your silence
conceals the words
                etched on your skin,
your voice pulls harmonies from them
that rhyme with death.

Pale night
in those fronds
              where peacocks of light dance,
plumes disturbed
              by the wind shaking out
your procession of shadows
                  as it sings in the ravine.

4

para Myriam Moscona

En el campo de lo conocido
extiendes como raíces
              fibras delicadas,
tocas con tus morados y tus verdes
entretelas de neuronas,
hundes en sus huecos
              tus formas reconocibles.

Algo se extiende como ala,
y asomas
         —pájaro astuto.

A la tarde el río se desbarata,
el agua platea distintos giros
y lo que lleva naufragado
pasa como un episodio bajo el puente.
La atención se dispersa,
              se contrae—
espuma
        sobre la vana superficie.

En praderas de asfódelos
tus grandes hilaturas tienden vivos
                    como nervios
recuerdos que van palideciendo.

Rasgas el tedio de las formas
              —voces y su escala finita,
           muros cuadriláteros.
Todo lo previsible,
roído como una albarda,
           rompe su trabazón.

4

for Myriam Moscona

In the field of what we know
you spread delicate fibres
                like roots,
touching webs of neurons
with your mauves and your greens,
sinking your recognisable shapes
                        into their hollows.

Something spreads like a wing,
and you peep out
           —clever bird.

In the evening the river unravels,
water silver-coats each bend
and the flotsam it carries
flows like an episode under the bridge.
Attention disperses,
            contracts—
foam
     on the vapid surface.

In asphodel meadows
your ample weave displays
memories that gradually pale
                live as nerves.

You tear the tedium of shapes
                —voices and their finite scale,
          quadrilateral walls.
Everything foreseeable,
frayed like a saddle,
          breaks its mounting.

Tus voces no retroceden
                      aunque el ojo se cierre,
y un grito quiera ahuyentarlas
del campo de lo conocido.

5

Lamida por un filo
                 en tus ojos no turbados,
la luz se escalda
sobre la piedra húmeda.

En sus mínimas cavernas
se detiene
          entre musgos e insectos
tu pupila solar.

Rupturas en la piedra,
grietas,
algo que mira
              desde el fondo.

Tu mirada refracta
          el deslave abisal,
y eras de pensamiento se derrumban.

6

Vestido del abismo,
desprendes de tu paso
                al ser nombrado
tu brillo más oscuro.
Ebrio,
      más que ese fondo,
Terso,

Your voices won't retreat
                even if my eye closes,
and a scream tries to scare them away
from the field of what we know.

5

Licked by a shaft
                in your unworried eyes,
the light is scalded
on wet stone.

In its tiny caverns
                among moss and insects
your solar pupil
lingers.

Cracks in the stone,
fissures,
something watching
                from the deep.

Your look refracts
                the abyssal landslide,
and eras of thought fall away.

6

Wearing the abyss,
                when your name is called
you shed your darkest gleam
as you go by.
Drunk,
        more than those depths.
Smooth,

      más que la noche en que me envuelves.
Oh Tenebroso,
          oh Tremendo,
allí te escondes.
Cuando despiertas nada queda.

Y yo estoy entre mi sueño
             y tu despertar.
Voy de mi aliento a tu párpado,
estoy en juego
    —como las cosas otras
      que aniquilas
           cuando abres los ojos.

7.

Bajo el árbol partido,
         puerta del inframundo,
algo jala al corazón
hacia un fondo no alcanzado.

    Sigo tus huellas

El musgo cubre la tarde,
brotan helechos de la fuente.
Cerca
     un gallo picotea
y el tiempo se cuelga
        de una tela de araña.

    Sigo tus huellas
    que a medio paso
          se desvanecen.

Se hunde el sueño
      en tus raíces.

        more than the night with which you envelope me.
O, Dark One
          O, Mighty One
that's where you hide.
When you wake, nothing is left.

And I am between my dream
                and your waking.
I go from my breath to your eyelid,
a pawn in a game
      —like everything else
        that you annihilate
                when you open your eyes.

7

Under the split tree,
          a door to the underworld,
something is pulling my heart
towards a depth not reached.

      I follow your footprints.

Moss covers the afternoon,
ferns sprout from the fountain.
Nearby
      a rooster pecks the ground
and time hangs
      from a cobweb.

      I follow your footprints
      which disappear
                mid-step.

The dream sinks
        into your roots.

   Miro tus huellas
donde termina la punta de la hoja,
donde el revuelo interminable cesa.

Entre rizos de helecho
el tronco del sabino reverdece
y en esos musgos del verano que avanza
mi muerte acerca sus orillas,
duplica tu bella máscara,
      tu silencio de pájaro.

Miro en las cosas tus huellas turbulentas
y me hundo en un abrazo
      que no quiero dejar.

8.

Viene tu brisa cubriendo el clima entero,
tus labios de fruta encienden
      la boca del invierno.
Se abren floraciones en la piel,
      pistilos erizados

Vuelta inesperada a tus manos
que rozan ya el vestido,
      que se acercan al seno.

Trastornas lo que tocas
vas vistiéndolo todo de verdura,
vas dejando en manchas coloridas
flores tantas
   que apenas se adivinan.

¿Y quién podría
   —aun sabiendo tu poder de muerte—,
quién podría fulminar

I look at your footprints
where the tip of the leaf ends,
where the interminable swirling stops.

Among curling ferns
the red cedar trunk grows green again
and in those mosses advancing through summer
my death pulls its shores closer,
duplicates your beautiful mask,
                        your bird-like silence.

I look at your turbulent footprints in each thing
and sink into an embrace
                I don't want to let go.

8

Your breeze comes enveloping the whole climate,
your fruity lips set winter's mouth
                        ablaze.
Blossoms open on skin,
            bristly pistils—

An unexpected return to your hands
already feeling my dress,
                moving to my breast.

You trouble whatever you touch,
dressing everything in green as you go by
leaving mottled colours
on so many flowers
                they cannot be told apart.

And who could
        —even knowing your deadly power—
who could annihilate

al deseo escondido
    en cada hoja,
    en cada colibrí?

Entra la estación florida
con tu cumbia y tus cantos,
tus tarareos ebrios
    como el que espera
      a quien ha de matarle
     y acecha en cada esquina
        de lo oscuro
con tus ojos de tigre,
el salto alerta
   como quien teme
     en cada doblez
   la noche agazapada
con tus corrientes lúbricas,
tus colores eléctricos,
   como quien busca
   algún auspicio
picadura de abeja,
zumbido azul
   en la entraña de un pájaro,
un colmillo que muerde,
   ¿por dónde llegará?
un veneno que cesa
sólo cuando ha invadido todo.

the hidden desire
        in every leaf,
        in every hummingbird?

The season bursts into bloom
with your cumbia and your songs,
your inebriated tunes
        like someone who expects
                his killer
            and waits in every corner
                      of the dark
with your tiger eyes,
the leap alerts
        like someone who fears
                the crouching night
        at every turn
with your lustful streams,
your electric colours,
        like someone searching
        for a sign
the sting of a bee,
a blue buzz
        in the guts of a bird,
a biting fang
        where will it come from?
a poison that stops
only when it has invaded everything.

EOLIDES
Las Hijas del Viento

1

Murmuran tu Nombre
                en las terrazas
inundadas de luz
frente al vinoso mar

2

Serpentean en la hierba
devanan suaves
           sus marañas

sisean
    entre las siemprevivas

3

Juntan sus voces
al gemido de las piedras
                y los arbustos

Hacen del corazón
           un arpa tensa

AEOLIDES
Daughters of the Wind

1

They murmur your Name
                            on the terraces
flooded with light
facing the wine-red sea

2

Snaking through the grass
they smoothly uncoil
                      their tangles

hissing
         among the houseleeks

3

Their voices mingle
with the sighs of stones
                        and shrubs

turning the heart
                into a tight-strung harp

4

Desatan su grito alucinado
                    a lo ancho del valle

Braman como terneras
son aullido reseco
trino
      inverosímil

5

Se obstinan
        como escenas repetidas
de una misma película

golpean en las ventanas
recorren muelles interminables
                          en el amanecer

6

Azotan las rocas de Haghía Triáda
          con sus cuevas para ocultarse
                          de los piratas

Derriban al caminante
          en el monte que se llama
                        Demonotópos

Alzan el rugido del oleaje
           hasta el recinto de los cantos piadosos
                              junto a la Panaghía

4

They unleash their startled cries
                              across the valley

Bellowing like calves
they are a torrid howl
unlikely
        trill

5

They persist
        like repeated frames
of the same film

knocking on windows
prowling endless piers
                      at dawn

6

They whip the rocks of Hagia Triada
        with its caves for hiding
                            from pirates

They wrestle the walker to the ground
        on the mountain called
                            Demonotopos

They churn the roaring waves
        up to the enclosure for holy hymns
                            beside the Panagia

7

Despeinan
        al joven eucalipto
hacen caer sus resinas
                sobre los barandales

Zumban amorosas
como abejorros
              en el hueco de las cañas

Llenan la mirada de hormigas amarillas

8

Despiertan
        al espíritu guardián del olivar
Dejan pacer tranquilo
              el apetito de las bestias

Afilan
el cincel azulado
          de la avispa

9

Someten a su ritmo
        las flores encrespadas
      el lomo de los cerros

Todo lo vuelven piedra lisa

7

They uncomb
           the young eucalyptus
making its resin drip
                  on the handrails

Buzzing, amorous
like bumblebees
                in the hollow stalks of canes

Swarming our gaze with yellow ants

8

They wake
           the watchful spirit of the olive grove
Let livestock
        calmly graze

Sharpen
the mauve-blue chisel
                of the wasp

9

Rimpled flowers
and hilltops
        are subjected to their rhythm

Turned by them to smooth stone

10

Traen los ecos
        de una conversación enfática
        de un campanilleo de cabras
        de un violín

Cantan en la noche
            con sus aires de lamento oriental

11

Se agrandan
sus lenguas arpadas
          en el invierno del espíritu

Fuerzan al alma
       a agazaparse
en su rincón.

12

Escriben con sus dedos ligeros
tu Nombre
      sobre la arena

repiten como plegaria
           su grafía

10

They bring echoes
        of an insistent conversation
        of tinkling goat bells
        of a violin

Singing at night
           with their melodies of eastern lament

11

Their mellifluous tongues
surge
        in the spirit's wintertime

Forcing the soul
           to hunker down
in its nook.

12

Light-fingered they write
your Name
        on the sand

repeating their script
           like a prayer

CÁNTAROS

1

Cántaro,
un borbotón sube y derrama
el vino plácido,
brilla
mientras nos cerca la penumbra.

La noche de tu boca
frasea hilillos de luz,
se pega a un son que recomienza.

Cántaro,
voz de agua viva,
reverbero.

Tu mirada persiste
desde su sesgo húmedo.
Tu boca se entreabre,
y el silencio que emite
cubre más que la sombra.

2

Extremos se tocan
si blande el relámpago
             su filo impar.

La inminencia crece hacia lo oscuro.

El rayo se esconde.
Su espuma se detiene en tus pestañas.

KANTHAROS

1

Pitcher,
a bubble rises and spills
the placid wine,
it gleams
as the light fades around us.

Night from your mouth
phrases threads of light,
latches onto a tune that starts over.

Pitcher,
voice of living water,
reverberation.

Your gaze lingers
from its moist slant.
Your mouth barely opens,
and the silence it emits
covers more than the shadow.

2

Extremities touch
when the lightning bolt wields
                      its uneven blade.

Imminence grows towards the dark.

The flash hides.
Its foam pauses on your eyelashes.

Todo se adentra hacia tus ojos.

Te abres como relámpago
                      en mitad de la noche.

3

A cántaros
entra el agua por la cubierta.
Bajo el chubasco
                gritos,
retiembla la barquilla.

En la isla
las pulidas piedras del ascenso
                tienden sus trampas.

A cántaros
el agua verde alcanza los tobillos,
se desliza en la ropa,
se extiende hacia los rumbos

—como el sueño de Dios
                antes del tiempo.

4

Lleno el campo de ti,
celebra
        tu risa de Dios niño.
Mordisqueas mis dedos,
gimes suavemente
            como un cordero.

Everything goes deeper into your eyes.

You open like lightning
                      in the middle of night.

3

Bucketing
water comes over the deck.
Under the rain shower
                      cries,
the little boat shakes.

On the island
polished stones leading up
                      set their traps.

Bucketing
green water reaches our ankles,
slides down our clothes,
spreads in all directions

—like God's dream
                before time began.

4

The field full of you
celebrates
        your child-god laughter.
Nibbling my fingers,
you moan sweetly
                like a lamb.

El cosquilleo del sol
desprende del letargo
a un pequeño lagarto.
Alegatos de patos.
Nítida sombra el vuelo.

El azul que miro en la distancia,
              humo de hojas frescas,
lleno de ti.

Luego, tus otras caras aparecen:
llama,
     borbotón,
un tigre de impaciencia,
              una pantera quieta.

5

Y si vienes
con el ánimo otro,
vagas entre los campos,
              alzas motas de polvo.
Vas como murmullo en el follaje,
un aleteo en la hierba,
un cataclismo que revuelve las sombras,
mezcla los alientos
          con el aire de afuera.

Cuando desapareces
    los sueños se desbordan,
      el agua vuelve a abismarse,
      las cigarras se callan.

Y si asomas de nuevo
     el aire brilla,
     el ala tiembla,
     el beso muerde.

The sun's tickle
nudges a small lizard
out of its laze.
Ducks indict.
Their wing-shadow precise.

The blue I'm looking at in the distance,
                      smoke from green leaves,
full of you.

Then, your other faces appear:
a flame,
      a torrent,
the impatience of a tiger,
                      a panther poised.

5

And when you come
with your other mood,
you wander through fields,
                      raising motes of dust.
You pass like the murmur of leaves,
a flutter in the grass,
a cataclysm churning the shadows,
mixing breaths
        with the outside air.

When you disappear
    dreams overflow,
    water plunges once more,
    cicadas hush.

And if you peek out again,
    the air shines,
    the wing trembles,
    the kiss bites.

6

El vino se atropella
                    en la boca del cántaro.

Huecos en la noche,
entre un plantío de palmas
                    y una campana urgente.

La luna enciende blancas geometrías,
brilla su plata en los rincones,
                    danza en lo oscuro:

        dedos de luz sobre tu hombro
        —o flechas que nos dispara el dios
                          nocturno.

A cántaros
          néctar
entre la lengua
y el oro vivo tras los párpados.

7

A pleno día
donde más se ilumina
                la carga de sombras
reverbera en el pecho
el tumbo de los ritmos
                no apagados—

Mordedura de sol
              la roja arena.

El día implanta su dureza.
Furtivas

6

Wine trips over itself
              at the mouth of the pitcher.

Hollows in the night,
between a palm grove
              and an urgent bell.

The moon sets white geometries alight,
its silver shines in nooks,
              dances in the dark:

        fingers of light on your shoulder
        —or arrows fired at us by the nocturnal
                                  god.

Pitchers
        of nectar
between our tongue
and the live gold behind our eyes.

7

In broad daylight
where the burden of shadows
                      is brightest
the thrum of rhythms
            rumbles
unbroken in my chest—

The sun's bite
        red sand.

The day implants its harshness.
Glances

se deslizan por su textura suave
                        filo animal,
miradas.
            —Rasguño de reptil,
                          huida.

Y los minutos se dilatan
mostrando
            esa *oscura magnolia.*

8

Te mueves
como si no perturbaras
la telaraña suspendida
o el pico del colibrí.

Te sostienes
en el intento de la perla huidiza
buscando el pétalo cerrado
del jazmín.

Te desprendes
del temblor en el labio,
te dejas ir
bajo la tempestad,
te erizas
en las abreviaturas del pimiento.

furtively glide
through its smooth texture,
       animal fleece.
  —The scratch of a reptile,
          escape.

And the minutes dilate
revealing
   that *dark magnolia.*

8

You move
as though not disturbing
the hanging cobweb
or the hummingbird's beak.

You hang
in the strain of the fleeing pearl
searching
for the jasmine's closed petal.

You get rid
of the tremble in your lip,
you walk away
under the storm,
you bristle
in the pepper's abbreviations.

OCEANIDES
Las Hijas del Mar

1

A contraluz
muestran
        sus ojos
entre sierpes huidizas

Cantan en la noche

Deshuesan a los ahogados

2

Sus sonrisas se extravían
              en la arena,
quedan allí
        como pequeños talismanes—
silabeos de espuma
caracoles

3

En los ojos cerrados
detienen
        la luz que se resbala

Vuelven ruido de mar
la respiración que roza
              los oídos

OCEANIDES
Daughters of the Sea

1

Against the light
they reveal
         their eyes
among elusive snakes

They sing at night

Debone drowned men

2

Their smiles go astray
              in the sand,
remain there
         like little amulets—
foaming syllables
seashells

3

In their closed eyes
they stop
        the slippery light

Transform the breath
that brushes our ears
               into sea sounds

Con mano oscura
                invade
su caricia

4

Nada las traspasa
El barco que se pierde
                        no las alcanza

Empujan hacia el fondo
sueños a la deriva
              con su carga de especias

5

Sus oleadas
        atraen al mismo tiempo
                          que rechazan
      cortan la carrera de los cangrejos
      llenan de madreperlas
                la espalda de los amantes

6

Todo dejan revuelto
como después de un huracán
                todo lo esconden

Desprenden de la orilla
            una barca sin remos
distorsionan el tiempo
borran la línea de horizonte

Their caress
          invades
with a dark hand

4

Nothing breaches them
The fading boat
              can't keep up

They push to the bottom
dreams gone adrift
              with their cargoes of spices

5

Their waves
       attract
              even as they repel
        cutting the racing crabs short
        covering lovers' backs
                with mother-of-pearl

6

They churn everything
like the aftermath of hurricanes
                hiding everything

From the shore they cast off
                a boat with no oars
distorting time
erasing the line of the horizon

7

Como cosas secretas
esconden
        hilos de luz

Rompen al acercarse
el silencio que toca
            las bahías

Chocan contra un peñasco—
y saltan sus claras rimas
              en la roca

8

El sol
traspasa la piel del agua,
alcanza sus pupilas

              —crecen en la distancia
y al fondo
      la diminuta embarcación

9

Sus preguntas
se abren
        como bocas
tuercen la dirección del día
llenan la noche
           de rastros indescifrables

7

They hide
      threads of light
like secret things

Breaking the silence that touches
                                  the bays
when they approach

They crash against a cliff—
and their clear rhymes leap
                              onto the rocks

8

The sun
pierces the water's skin,
reaches their pupils

                —they grow in the distance
and at the bottom
      the tiny vessel

9

Their questions
open
    like mouths
changing the day's direction
filling the night
        with undecipherable shreds

10

Ojos que ahogan
              en un pozo de luz
Se vuelven
el límite extremo de un destino
un lugar para morir
              bajo el cielo pálido del alba

el alba delia…

11

Olvidan la corriente azarosa
                  el azoro
si suaves limos cubren
              la roca de sus cuerpos
si tocan su fondo lúbrico

12

Mar adentro
escapan de las manos
para emerger en otras playas
                y perderse
en un comienzo
           que ahora no sabemos

10

Eyes drowning
            in a well of light
Becoming
the farthest reach of a destiny
a place to die
            under the dawn's pale sky

the Delian dawn…

11

They forget the hazardous current
                      the panic
if smooth mud covers
            their rocky bodies
touching their slippery depths

12

Far out at sea
they escape hands
and emerge on other beaches
                  to lose themselves
in a beginning
            we are not aware of now

OFRENDAS

OFRENDAS PARA KYPRIS

1

Una paloma para Afrodita.
Las tórtolas desgajan
 tres notas claras
en el amanecer,
antes que las cigarras enciendan
 su grito ríspido.

La montaña de Helios o Elías
deshuesa la roca
 sobre los olivares.
El carro de fuego asoma.
La bahía
engulle a las gaviotas.

2

Corta en su aliento el habla,
inhibe el vuelo,
y bajo la sombra de la higuera
deja a la avispa
 acompañarla.
Los zumbidos la acarician
en su trono de gozo.
La mañana avanza
 como su gracia misma
saliendo de la espuma,
oh Anadyoméne.

OFFERINGS

OFFERINGS TO KYPRIS

1

A white dove for Aphrodite.
The turtledoves segment
               three clear notes
at dawn,
before the cicadas strike up
                    their shrill cries.

Mount Helios or Mount Elijah
debones the rock
               over olive groves.
The chariot of fire appears.
The bay
swallows the gulls.

2

On her breath speech is cut,
flight inhibited,
and under the shadow of the fig tree
she lets the wasp
               keep her company.
Buzzing caresses her
in her pleasure throne.
Morning progresses
               graceful as she is
emerging from the spray,
oh Anadyomene.

3

Kypris,
una paloma de alabastro,
una rosa votiva
                para ti,
en esta noche
en que bendices nuestro abrazo
como el del mar que se extiende
hasta las rocas altas--
y el creciente de la luna
                      se abraza a ti.
Sirio apenas brilla
y las olas son torsos de tritones,
frescos muslos,
                lento vaivén
—y cascabel de espuma
                      en los oídos.

OFRENDAS PARA KORE

1

Un collar para Kore.

Brilla la luna
en tus pechos insomnes.

Ah, perfil delineado
sobre la verde escama,
muslos amarillos,
vientre que embozas
                tras un velo.

3

Kypris,
an alabaster dove,
a votive rose
            for you,
on this night
when you bless our embrace
like the sea's
stretching to the high rocks—
and the moon's crescent
                  embraces you.
Sirius is barely shining
and the waves are the torsos of tritons,
cool thighs,
        slow swaying
—and the tinkling spray
                  in our ears.

OFFERINGS TO KORE

1

A necklace for Kore.

The moon shines
on your sleepless breasts.

Ah, profile silhouetted
in a green scale,
yellow thighs,
womb you shroud
            behind a veil.

Serpientes suben
            como alas.
Rizos se quiebran en tu espalda.

2

Una semilla de granada para ti.

En los blancos aguajes,
con sus bestias dormidas
                 y sus insectos verdes,
una sombra de espanto.
El Sol mira tras la nube
un ojo fugaz,
las momentáneas manos en acecho—

Igual que el narciso del desierto
atrapa
        a la polilla esfinge.

Tus gritos de agua clara
los devora el abismo.

3

Un narciso para ti,
que te vistes de niebla
y turbas los caminos.

Eres soplo visible
en la noche de monte.
En los ojos se cuajan
             tus blancas manos
que empujan hacia la gruta,
hacia la grieta.

Snakes rise
        like wings.
Curls break on your back.

2

A pomegranate seed for you.

In the white spring tides,
with their sleeping beasts
                      and their green insects,
a horrifying shadow.
The Sun peers through the clouds
a fleeting eye,
momentary hands ready to pounce—

Just like the desert narcissus
trapping
        the sphinx moth.

Your clear water screams
are devoured by the abyss.

3

A narcissus for you,
clothed as you are in mist
blurring the paths.

You are visible breath
in the mountain night.
On our eyes
        your white hands settle
pushing towards the cave
towards the crevasse.

Tu deseo
camina con la niebla.

Y en tu reino de sombras
brilla intacta en tus dientes
                    la granada.

PEÁN
(a Apolo)

Tú lo iluminas todo,
¿pero quién ve tu sombra?

Tu frente abre la luz.
Son tus ojos distancia
y tus cabellos fuego.
Tú brillas en la altura,
pero cuanto más alto
tanta más sombra arrojas.

Es el cielo tu arco
y tus flechas solares
son benéficos rayos.
Y en esa encordadura
vibran también las notas
de tu canto inaudible.

Tú lo iluminas todo,
¿pero quién ve tu sombra?

¿Quién encuentra tus huellas
en la tiniebla pura,
cuando suave desciendes
semejante a la Noche
y disparas, oblicuo,
tu venablo mortal?

Your desire
walks with the mist.

And in your kingdom of shadows
the pomegranate
                    shines between your teeth.

PAEAN
(to Apollo)

You light up everything,
but who sees your shadow?

Your brow opens the light.
Your eyes are the distance
your flowing locks, the fire.
You shine on mountain tops,
but the higher you are
the more shadow you cast.

The blue sky is your bow
and your solar arrows
are its bountiful rays.
And in those fine-tuned strings
reverberate the notes
of inaudible songs.

You light up everything,
but who sees your shadow?

Who will find your footprints
in deadliest darkness,
when you glide down softly
as stealthy as the Night
and you obliquely fire
your arrows' mortal shafts?

Solitario y hermoso,
tu inmortal avidez
consume lo que toca,
y a tus pobres amantes
vuelve una flor llorosa
o un árbol enlutado.

Tú lo iluminas todo,
¿pero quién ve tu sombra?

Terrible, has allanado
el templo del dragón
¿Quién ve el seco despojo
junto a la fuente casta?
¿O el pellejo del sátiro
meciéndose en un árbol?

Son tus dones divinos
la locura y la muerte,
la epidemia y la cura,
las oscuras palabras
del enigma o el canto
que escupió la serpiente.

Tú lo iluminas todo,
¿pero quién ve tu sombra?

En tu arco nocturno
y en tu lira solar
tensas la misma cuerda
de opuestas armonías.
¿Eres sólo la luz
o eres también la sombra?

¿O la sombra la forman
los objetos opacos
puestos frente a tu luz?

Solitary, handsome,
your immortal fervour
consumes what it touches,
turning your poor lovers
into a weeping flower
or a tree in mourning.

You light up everything,
but who sees your shadow?

Fearsome, you have levelled
the dragon's great temple.
Who sees his dry remains
beside the chaste fountain?
Or the satyr's red hide
swaying from the branches

These are your divine gifts—
insanity and death,
epidemic and cure,
the caliginous words
of enigmas or chants
that the serpent once spat.

You light up everything,
but who sees your shadow?

In your nocturnal bow
and in your solar lyre
you tighten the same string
of inverse harmonies.
Are you no more than light
or are you shadow too?

Or is the shadow made
by indistinct objects
placed in front of your light?

Ah, cosas transparentes
que tu rayo atraviesa
hasta tocar el mundo.

Tú lo iluminas todo,
¿pero quién ve tu sombra?

Ah, those transparent things
pierced by your bright ray
till it touches the world.

You light up everything,
but who sees your shadow?

NICTIDES
Las Hijas de la Noche

1

Desde su vuelo ingrávido
descienden
como cortejo de almas
cayendo
        hacia la vida

2

En la oquedad del día
sus claroscuros
        manchan
el lienzo apasionado

Recorren los flancos
        vulnerables

Abren en la frente
        un tiempo irreal

3

Como pelo de gato
cruzan
    por los tobillos

Sus ojos son corrientes heladas—
queman
    en la penumbra

NICTIDES
Daughters of the Night

1

From their weightless flight
they descend
like a procession of souls
falling
        towards life

2

In the hollow of day
their chiaroscuro
               taints
the impassioned canvas

They sweep
        over vulnerable flanks

In our brow they open up
                       unreal time

3

Like cat-hair
they brush
        across your ankles

Their eyes are freezing draughts—
burning
        in the shadows

4

Llevan a un túnel sin salida
a un río desecado
            a un cadalso

Caen como un fardo
            sobre el sueño

Atan en el umbral

5

Extinguen los ecos
borran pinturas sobre un muro
sofocan el último soplo
            en el carbón del tiempo

6

Tienen negra cabellera
            como la Incertidumbre

Crean monstruos de la razón

—y la visión que los mira
            y los devora

7

Son las madres del Caos
desensamblan
            las líneas coherentes

4

They lead to a dead end tunnel
a dried out river
              a gallows

They fall like a sack
              on the dream

Fasten on the threshold

5

They extinguish echoes
erase paintings on the wall
strangle the last breath of air
                      in the carbon of time

6

Like Uncertainty
              they are dark-haired

Producing monsters out of reason

—and the vision that sees them
                    and devours them

7

They are mothers of Chaos
dismantling
            coherent lines

Son sangre amasada con el polvo
Son lo sesgado
            el desvarío sin fin

8

Son un ojo que sube desde el fondo
      un deseo que se escapa de las manos
      una piedra contra el espejo

son la punta de la flecha
            que ha de matarnos

9.

Son insomnio repetido
un pequeño aguijón
            revoloteo
de recuerdos no amparados
              en la presencia

10.

Son sombra blanca
la inocencia en las frases amarillas
              del moribundo
la catástrofe de la voz

11.

Son emociones difusas
      en lo inmóvil del día
campanas huecas

They are blood kneaded with dust
everything off kilter
                      endless lunacy

8

They are an eye rising from the deep
        a wish slipping from our hands
        a stone against the mirror

they are the tip of the arrow
                      that will kill us

9

They are repeated insomnia
a little sting
            the flapping
of memories not sheltered
                      by presence

10

They are a white shadow
innocence in the yellow phrases
                      of a dying man
the catastrophe of the voice

11

They are vague emotions
                in the stillness of day
hollow bells

niebla que se agazapa
$\qquad$ en el pecho
como una duda.

12.

Son signos transversos
$\qquad$ homenajes marchitos
trozos levantados de los escombros

Son diamantes ocultos

mist crouching
          in your chest
like a doubt

12

They are transversal signs
                    withered tributes
fragments lifted from the debris

They are hidden diamonds

CANCIONES DEL EGEO

> *un milagroso reposar de barcas*
> *en la blanda quietud de las arenas*
> José Gorostiza

1. *Amorgós*

   Para Leonora y Pere

La tarde brilla en el vino
y en el mantel mojado

en palabras que sabemos
y no decimos

en el canto ambulante
y las cuerdas que rasga

en el jardín del templo
y la boda que empieza

en el sol que se acuesta
con el agua

2

A la mañana
la huella de tu oreja
ha tatuado en mi hombro
                un caracol

Sus trazos paralelos
se separan
hacen de su voluta
            un corazón

SONGS OF THE AEGEAN

> *rowboats miraculously resting*
> *on the soft stillness of the sands*
> José Gorostiza

1 *Amorgos*

    For Leonora and Pere

The afternoon shimmers in wine
and on the wet tablecloth

in words we know
but do not say

in the wandering songs
and the strings they pluck

in the temple garden
and the wedding inside

in the sun as it sinks
into the water

2

By morning
the imprint of your ear
on my shoulder has tattooed
                a sea snail

Its parallel lines
separate
turning the swirl
            into a heart

En su espiral de espuma
se detiene
el eco de tu voz—
              ebullición

3

      Toma el silencio la forma
              de tus manos

La mañana se abre en la terraza
            con el tajo del sol.
Extiende su brillo hacia la higuera
y se mece en el aura
           de tu olor

      Toma el aliento la forma
              de tu nombre

Va subiendo sin peso la mañana
              va cobrando color
Se enciende como las barcas a lo lejos
bajo el cuidado mínimo
           del sol

4

Como las aceitunas
tus ojos
    negros

y en cada gota de vino
tu beso
    entero

In its foamy spiral
lingers
the echo of your voice—
     effervescence

3

  Silence takes the shape
     of your hands

Morning opens on the terrace
     as the sun cuts through.
Its light spreads to the fig tree
and sways in the aura
    of your scent

  Breathing takes the shape
     of your name

Morning rises weightlessly
     donning its colours
It glitters like the distant rowboats
under the merest care
    of the sun

4

Like olives
your black
  eyes

and in every drop of wine
your full
  kiss

5
      Prendida de tu ala
      me pierdo de claridad

De la barranca suben buganvilias
como del sueño esas vides moradas
                    transparencias

      Prendida de tu ala
      cruzo la oscuridad

Y brillando entre el mar y la montaña
como faros diminutos nos saludan
                    las luciérnagas

6 *Langada*

      Para Nikos Vasalos

Pasa un rayo de sol
por la copa de vino
y danza en la hoja
      donde escribo

Traza notas que van
y vienen
      y se detienen
giros que van y vuelven
          y se devuelven—

igual que sobre el mar
una gaviota
pequeña mancha blanca
en la página viva

5

    Hanging from your wing
    I am lost in brightness

Out of the ravine climbs bougainvillea
like those purple vines out of dreams—
                              transparencies

    Hanging from your wing
    I fly across darkness

And glowing between the sea and the mountain
like tiny headlights greeting us
                       the fireflies

6 Langada

    For Nikos Vasalos

A ray of sunlight hovers
over the wine glass
and dances on the page
                    where I'm writing

It traces notes that come
and go
        and pause mid-flow
twist and turn and then return
                   and go

just like on the ocean
a seagull
a small white blemish
on the living page

donde ola tras ola
escriben también
          y borran
la antigua historia

7

Al pie del promontorio
un ciprés entre olivos

Ropa tendida
tan blanca
como las tumbas a lo lejos

o el fantasma del viento
en los molinos

8

El gran estruendo rompe las palabras
Se dispara el sentido
         —sólo queda un vaivén

      oleaje de los amantes
      un punzar en la vértebra
      un esplendor furtivo

La gran marejada nos envuelve
nos anega en su fondo
         —sólo queda un latido

where wave after wave
the old story
is also written
          and erased

7

At the foot of the promontory
a cypress among the olive trees

Clothes hung to dry
as white
as the distant graves

or the ghost of a breeze
in the windmills

8

The thunderous din shatters the words
Meaning is fired
         —only the swaying remains

      the surf of lovers
    a jab in the vertebra
    furtive splendour

The thunderous swell envelops us
drowns us in its depths
         —only a heartbeat remains

EL MAR COLOR DE VINO
(El kílix de Dioniso)

    A Ursus

Oh mar tan rojo,
corrientes encontradas
           casi juntan racimos y delfines,
y el mástil vertical,
vuelto cepa y sarmientos,
           abre brazos a oriente y a poniente.
Y van a su albedrío los delfines
               viejos marinos
custodiando la nave.
Y la vela tan blanca que se abomba
             bajo las uvas pródigas
y el espolón gracioso de la proa
¿hacia qué playa apuntan?
¿en dónde atracarán si el dios
              dichoso
no marca ruta o guía
y solo bebe
los vientos placenteros
           y el aroma del mar color de vino?

THE WINE-RED SEA
(On the Dionysus Kylix)

      To Ursus

O waves so red,
confluent streams
          where grapes and dolphins almost meet,
and the vertical mast,
now trunk and branches,
          spreads its arms east and west.
And the dolphins freely swim
          —old sailors
guarding the vessel.
And the sail bulging white
          under lavish grapes,
and the graceful ram at the prow,
what beach are they pointing at?
where will they dock
          if the blissful god
neither charts the course nor guides
but merely sips
the pleasant breezes
          and the scent of the wine-red sea?

www.ingramcontent.com/pod-product-compliance
Lightning Source LLC
Chambersburg PA
CBHW022013160426
43197CB00007B/410